LEÇONS

ÉLÉMENTAIRES

DE DROIT

PAR DEMANDES ET RÉPONSES

A L'USAGE

DES ÉCOLES PRIMAIRES ET SECONDAIRES

PAR MICHEL VIDAL

Avoué démissionnaire, ancien maire de Brioude (Haute-Loire),
Auteur du Mémento personnel de jurisprudence

ET

A. RAGUET.

Tout Français est censé connaître la loi, nul
ne peut arguer de son ignorance.

CINQUANTE-DEUX LEÇONS DIVISÉES EN DEUX PARTIES.

PARIS

CHEZ A. RAGUET, ÉDITEUR,
Petite rue du Bac, 5.

1863.

LEÇONS

ÉLÉMENTAIRES

DE DROIT

PAR DEMANDES ET RÉPONSES

A L'USAGE

DES ÉCOLES PRIMAIRES ET SECONDAIRES

PAR MICHEL VIDAL

Avoué démissionnaire, ancien maire de Brioude (Haute-Loire),
Auteur du Memento personnel de jurisprudence

ET

A. RAGUET.

Tout Français est censé connaître la loi, nul
ne peut arguer de son ignorance.

CINQUANTE-DEUX LEÇONS DIVISÉES EN DEUX PARTIES.

PARIS

CHEZ A. RAGUET, ÉDITEUR,

Petite rue du Bac, 5.

1863.

Paris. — Typographie de Ad. Lainé et J. Havard,
ruc des Saints-Pères, 19.

LEÇONS

ÉLÉMENTAIRES

DE DROIT.

PREMIÈRE PARTIE.

—

1ʳᵉ LEÇON.

DE LA PUBLICATION, DES EFFETS ET DE L'APPLICATION DES LOIS EN GÉNÉRAL.

D. Qu'est-ce que la loi?

R. La règle qui régit les droits des citoyens entre eux et envers la société.

D. Qui fait la loi?

R. Un corps spécial, appelé corps législatif, et dont chaque membre est élu par le peuple.

D. Les lois sont-elles les mêmes dans tous les pays?

R. Non; elles changent suivant le caractère des peuples.

D. Comment s'appelle le recueil des lois qui régissent la France?

R. Les Codes.

D. Combien y a-t-il d'espèces de Codes?

R. Cinq principaux, savoir : le Code civil, le Code de commerce, le Code pénal, le Code d'instruction criminelle et le Code de procédure civile.

D. Que contient le Code civil?

R. Les lois qui régissent les rapports des citoyens entre eux, en dehors des affaires de commerce.

D. Que contient le Code de commerce?

R. Les lois qui intéressent toutes les transactions commerciales.

D. Que contient le Code pénal?

R. La nomenclature des crimes, délits, contraventions, et les peines auxquelles doivent être condamnés ceux qui les ont commis.

D. Que contient le Code d'instruction criminelle?

R. La marche à suivre pour la constatation et la répression des crimes, délits et contraventions.

D. Que contient le Code de procédure?

R. Les formalités à remplir pour que chacun puisse jouir des droits que lui donne la loi.

D. Les lois sont-elles exécutoires aussitôt après qu'elles ont été votées?

R. Non; elles ne deviennent exécutoires qu'après leur promulgation.

D. Qu'est-ce qu'on entend par promulgation?

R. On entend par promulgation l'insertion au Bulletin officiel des lois.

D. Sont-elles exécutoires, aussitôt après la promulgation, dans toutes les parties de l'empire?

R. Non, la loi a réglé des délais pour les distances.

D. Quels sont les délais de distance?

R. Un jour franc après la promulgation, pour le département de la résidence impériale. Pour chacun des autres départements, un jour de plus par dix myriamètres, entre la résidence impériale et le chef-lieu du département.

D. La loi est-elle applicable pour les faits antérieurs à la promulgation?

R. Non; elle ne dispose que pour l'avenir et n'a pas d'effet rétroactif.

2ᵉ LEÇON.

DE LA JOUISSANCE ET DE LA PRIVATION DES DROITS CIVILS.

D. Qu'entend-on par droit civil?

R. C'est le droit qu'a toute personne d'être régie suivant les lois civiles de son pays.

D. Tout Français jouit-il de ses droits civils?

R. Oui, à moins qu'il n'en ait été privé par suite de condamnations judiciaires.

D. Comment se perd la qualité de Français?

R. 1° Par la naturalisation en pays étranger;

2° Par l'acceptation non autorisée par l'empereur de fonctions publiques conférées par un gouvernement étranger;

3° Par tout établissement fait en pays étranger sans esprit de retour. (Les établissements de commerce ne sont jamais considérés faits sans esprit de retour.)

D. Que devient la femme française qui épouse un étranger?

R. Elle perd sa qualité de Française.

D. Que devient une femme étrangère qui épouse un Français?

R. Elle devient Française.

3ᵉ LEÇON.

DES ACTES DE L'ÉTAT CIVIL.

D. Qu'entend-on par actes de l'état civil?

R. Ce sont les actes qui règlent et déterminent la position civile des personnes.

D. Combien y a-t-il d'actes de l'état civil?

R. Trois principaux : l'acte de naissance, l'acte de mariage, l'acte de décès.

D. Que doit contenir un acte de l'état civil pour qu'il soit valable ?

R. Il doit énoncer l'année, le jour et l'heure où il est reçu; les noms, prénoms, âges, professions et domiciles de tous ceux qui y sont dénommés. Les témoins doivent être majeurs, du sexe masculin, et jouir de leurs droits civils.

D. Quelle est l'autorité qui reçoit les déclarations des actes de l'état civil?

R. Le maire, ou à son défaut l'adjoint, qui pour recevoir ces actes prennent le titre d'officiers de l'état civil. En mer, un officier spécial est attaché à chaque bâtiment pour remplir les mêmes fonctions.

D. Peut-on se faire délivrer des expéditions des actes de l'état civil?

R. Oui, toute personne a ce droit pour tous les actes quels qu'ils soient.

D. Peut-on rectifier les actes de l'état civil?

R. Oui, mais par jugement des tribunaux civils.

4ᵉ LEÇON.

DES ACTES DE NAISSANCE.

D. Qu'est-ce qu'un acte de naissance?

R. C'est l'acte le plus essentiel; il établit la position civile de la personne.

D. Comment se fait la déclaration de naissance?

R. La déclaration doit être faite devant l'officier de l'état civil du lieu où l'enfant est né, et dans les trois jours de sa naissance.

D. L'enfant doit-il être représenté?

R. Oui, la loi est formelle à cet égard; mais dans les communes on se contente d'une constatation par témoins.

D. Par qui doit être faite cette déclaration?

R. Cette déclaration doit être faite par le père, ou, à défaut du père, par le médecin ou la sage-femme qui a assisté à la naissance; et, lorsque l'enfant sera venu au monde hors du domicile de la mère, par la personne où habitait la mère. Cette personne, pour faire cette déclaration, doit être accompagnée de deux témoins majeurs du sexe masculin, jouissant de leurs droits civils, et qui doivent signer l'acte avec le déclarant.

D. Que doit-on faire si l'on trouve un enfant abandonné?

R. On doit le remettre de suite à l'officier de l'état civil du lieu où il a été trouvé, ainsi que les vêtements et autres effets, et déclarer les circonstances, le temps et le lieu où il a été trouvé.

5ᶜ LEÇON.

DES ACTES DE MARIAGE.

D. Qu'est-ce qu'un acte de mariage ?

R. C'est l'acte qui déclare parfaite l'union de deux personnes de sexe différent.

D. Quelles sont les formalités à remplir avant de se présenter devant l'officier de l'état civil ?

R. Il faut faire deux publications à huit jours d'intervalle, un jour de dimanche, devant la porte de la maison commune. Un extrait de cette publication devra être affiché à la porte de la mairie. L'acte de mariage ne peut avoir lieu que trois jours après la deuxième publication.

D. Si le mariage n'a pas lieu trois jours après la publication, faut-il apposer de nouvelles affiches ?

R. Non, mais il faut qu'il soit célébré dans l'année, car, passé ce délai, de nouvelles affiches sont nécessaires.

D. Quelles sont les pièces que doivent fournir les futurs époux en se présentant devant l'officier de l'état civil?

R. Ils doivent présenter, 1° leurs actes de naissance ; 2° l'acte authentique du consentement des pères et mères, ou, à défaut, celui de leurs familles ; 3° le certificat de publication ; 4° le certificat du notaire, constatant qu'il y a contrat de mariage, et sous quel régime ; s'il n'y a pas de contrat, il faut le déclarer ; 5° et, dans certains cas, le certificat de libération militaire.

D. Peut-on se marier à l'église sans s'être marié à la mairie?

R. Non; il est interdit aux prêtres de procéder à la cérémonie religieuse du mariage, sans un certificat de la mairie constatant que le mariage civil a eu lieu.

———

6ᵉ LEÇON.

DES ACTES DE DÉCÈS.

D. Qu'entend-on par acte de décès?

R. L'acte de décès est celui qui constate la mort d'une personne.

D. Quels sont les délais pour faire cette déclaration?

R. Dans les vingt-quatre heures.

D. Par qui doit être faite cette déclaration?

R. Par deux témoins; si c'est possible les deux plus proches parents ou voisins. Lorsque la personne est décédée hors de son domicile, par la personne chez laquelle a eu lieu le décès, et un parent ou autre.

D. Peut-on inhumer aussitôt après la déclaration?

R. Non, il faut un délai de vingt-quatre heures entre le décès et l'enterrement. Ce délai peut être abrégé par le maire sur une déclaration du médecin.

D. L'enterrement peut-il avoir lieu sans formalités?

R. Non, une autorisation spéciale de l'officier de l'état civil est nécessaire. Elle est délivrée sur papier libre et sans frais.

———

7ᵉ LEÇON.

DU DOMICILE.

D. Qu'entend-on par domicile?

R. C'est le lieu où tout Français jouit de ses droits civils.

D. Quelle est la règle pour fixer le lieu du domicile?

R. Le domicile existe au lieu où est situé le principal établissement de la personne.

D. Peut-on changer de domicile?

R. Oui.

D. Que doit-on faire dans ce cas?

R. La personne qui veut changer de domicile doit faire une déclaration à l'officier de l'état civil du lieu qu'il veut quitter, et une autre déclaration à celui du lieu où l'on veut établir son nouveau domicile.

D. Si on ne faisait pas de déclaration, qu'en résulterait-il?

R. On conserverait le premier domicile. Néanmoins, la preuve de l'intention peut être admise ; elle dépend des circonstances.

D. Quel est le domicile de la femme mariée?

R. Chez son mari.

D. Quel est le domicile de l'enfant mineur?

R. Chez ses père et mère ou tuteur.

D. Quel est le domicile du majeur interdit?

R. Chez son tuteur.

D. Quel est le domicile du majeur qui travaille chez les autres?

R. Chez la personne qui l'occupe, pourvu qu'il demeure dans la même maison.

D. Combien y a-t-il d'espèces de domiciles?

R. Il y en a trois.

D. Quels sont-ils?

R. Le domicile légal, le domicile réel et le domicile conventionnel.

D. Qu'est-ce que le domicile légal?

R. C'est celui établi par la loi.

D. Donnez-en un exemple.

R. Le mineur a son domicile chez ses père et mère, ou chez son tuteur; la femme chez son mari.

D. Qu'est-ce que le domicile réel?

R. C'est le lieu où l'on habite réellement.

D. Donnez-en un exemple.

R. Le fils, dont le domicile légal est chez ses père et mère, peut avoir son domicile réel ailleurs, s'il n'habite pas le même endroit qu'eux.

D. Qu'est-ce que le domicile conventionnel?

R. C'est celui qui est adopté pour certaines circonstances de la vie.

D. Donnez-en un exemple.

R. Le plaideur a son domicile conventionnel, soit chez un avoué, soit chez un huissier ou un notaire, où les actes de procédure doivent lui être signifiés.

———

8ᵉ LEÇON.

DE LA RÉSIDENCE.

D. Qu'est-ce que la résidence?

R. C'est le lieu où l'on habite pvovisoirement et où l'on n'a pas son domicile.

D. Donnez-en un exemple.

R. Un fils a son domicile chez son père, mais s'il habite accidentellement chez son grand-père ou chez un parent, l'endroit où il habite est sa résidence.

D. Quelle différence y a-t-il entre le domicile et la résidence?

R. Le domicile est le lieu où l'on a son principal établissement et où l'on jouit de ses droits civils. La résidence est le lieu où l'on habite accidentellement. On peut avoir plusieurs résidences, on n'a qu'un seul domicile.

——

9ᵉ LEÇON.

DE L'ABSENCE.

D. Qu'est-ce que l'absence?

R. C'est l'état dans lequel se trouve une personne disparue du lieu de son domicile depuis assez long-temps, sans avoir donné de ses nouvelles, pour faire concevoir des inquiétudes.

D. Que doit-on faire dans ce cas?

R. On doit demander au tribunal civil de l'arron-dissement la nomination d'un notaire pour représenter la personne présumée absente (le concours d'un avoué est indispensable).

D. Quel est le délai voulu depuis les dernières nou-velles pour faire cette demande?

R. Quatre ans; ou dix ans, s'il a laissé une procura-tion.

D. Quels sont les effets que produit l'absence?

R. Les héritiers présomptifs, au jour de la disparition ou des dernières nouvelles, pourront être envoyés en possession provisoire de ses biens, à la charge de donner caution de l'administration en cas de retour.

D. Quel est l'acte essentiel que doivent faire faire ceux qui sont envoyés en possession provisoire?

R. Un inventaire détaillé du mobilier, des titres et des immeubles du présumé absent.

D. A qui doit-on s'adresser pour cet inventaire?

R. A un notaire.

D. Si le présumé absent reparaît, quel droit a-t-il sur les biens qu'il a laissés?

R. Il rentre dans ses biens, qu'il prend dans l'état où ils se trouvent. Il a droit à un cinquième des revenus, s'il rentre avant quinze ans révolus, à dater de sa disparition, et à un dixième s'il ne paraît qu'après les quinze ans.

D. Quel est le délai pour que les héritiers envoyés en possession provisoire puissent être envoyés en possession définitive ?

R. Il y en a de deux sortes :

1° Après trente ans révolus à dater de la disparition;

2° S'il s'est écoulé cent ans révolus depuis sa naissance. L'envoi en possession définitive doit aussi être ordonné sur le vu de l'acte de décès de l'absent.

D. Quels sont les effets de l'envoi en possession définitive?

R. C'est de donner la propriété des biens dont on n'avait qu'une parcelle de jouissance.

D. Si l'absent reparaît ou si son existence est prouvée depuis l'envoi en possession définitive, que deviennent les biens de l'absent?

R. L'absent rentre dans ses biens, mais il les prend dans l'état où ils se trouvent, sans aucun droit sur leurs produits. Le prix de ceux aliénés ou les acquisitions faites avec le produit de ces aliénations, sont aussi sa propriété.

————

10ᵉ LEÇON.

DES CONDITIONS REQUISES POUR POUVOIR CONTRACTER MARIAGE.

D. A quel âge l'homme et la femme peuvent-ils contracter mariage?

R. L'homme avant dix-huit ans révolus, la femme avant quinze révolus, ne peuvent pas se marier. Néanmoins, il est loisible à l'Empereur d'accorder des dispenses d'âge pour des motifs graves.

D. Quelles sont les principales conditions requises pour la validité du mariage?

R. Le consentement des parties et celui des parents.

D. Si les parents ne veulent pas donner leur consentement, que doit-on faire?

R. On doit leur présenter des actes respectueux. Les notaires sont seuls chargés de ces actes.

D. Peut-on faire des actes respectueux à tout âge?

R. Non. L'homme avant vingt-cinq ans, la femme avant vingt-et-un ans révolus, ne peuvent pas faire d'actes respectueux.

D. Le mariage peut-il être célébré aussitôt après les actes respectueux ?

R. Il faut distinguer : l'homme de vingt-cinq à trente ans, la femme de vingt-et-un à vingt-cinq ans, doivent faire trois actes respectueux. L'homme après trente ans, la femme après vingt-cinq ans, ne sont obligés qu'à un seul acte. Ces actes doivent être renouvelés de mois en mois et le mariage ne peut avoir lieu qu'un mois après le dernier.

D. Le mariage peut-il avoir lieu indifféremment entre toutes personnes des deux sexes ?

R. Non. Il est prohibé entre parents à un certain degré.

D. Quels sont les cas de prohibition ?

R. Le mariage est prohibé en ligne directe entre tous les ascendants et descendants légitimes ou naturels et les alliés dans la même branche en ligne collatérale, entre le frère et la sœur légitimes ou naturels et les alliés du même degré.

D. Qu'entend-on par ligne directe ?

R. On appelle ligne directe la suite des degrés entre personnes qui descendent l'une de l'autre. Exemple : le grand-père, le père, le fils et les petits-fils sont en ligne directe.

D. Qu'entend-on par ligne collatérale ?

R. On appelle ligne collatérale la suite des degrés entre personnes qui ne descendent pas les unes des autres, mais qui descendent d'un auteur commun. Exemple : les frères et sœurs, les descendants des frères et sœurs, sont en ligne collatérale.

11ᵉ LEÇON.

DES FORMALITÉS RELATIVES A LA CÉLÉBRATION DU MARIAGE.

D. Comment doit être célébré le mariage?

R. Publiquement, devant l'officier de l'état civil du domicile d'un des futurs époux, après la publication qui doit être faite à la municipalité du lieu où chacune des parties aura son domicile.

D. Si l'une des parties n'a que six mois de résidence actuelle, ne doit-on pas faire d'autres publications?

R. Dàns ce cas, les publications seront faites en outre à la municipalité du lieu du dernier domicile.

D. Quelles sont les formalités que doit remplir le maire ou l'adjoint avant de déclarer que les futurs époux sont unis par le mariage?

R. L'officier de l'état civil chargé des mariages doit d'abord donner lecture aux futurs époux des articles 212 et suivants du code Napoléon, traitant des droits et devoirs respectifs des époux; il doit ensuite interpeller les futurs séparément en leur demandant : Monsieur, voulez-vous prendre pour votre légitime épouse Mademoiselle etc.; avant de faire la même question à la future, il doit attendre une réponse affirmative.

Lorsque les deux époux ont répondu affirmativement, il prononce les paroles sacramentelles suivantes :

Au nom de la loi, vous êtes unis en mariage.

On donne alors lecture de l'acte qui a été dressé, et les époux signent avec les parents et les témoins.

————

12ᵉ LEÇON.

DES DEMANDES EN NULLITÉ DE MARIAGE.

D. Quels sont les cas où l'on peut demander la nullité du mariage ?

R. 1° Lorsque le mariage a été contracté sans le consentement libre des deux époux ou de l'un d'eux ;

2° Lorsqu'il y a eu erreur dans la personne.

D. Par qui peut être attaqué le mariage sans le consentement libre ?

R. Par les deux époux ou par celui des deux dont le consentement n'a pas été libre.

D. Par qui peut être attaqué le mariage s'il y a eu erreur ?

R. Par celui des deux époux qui a été induit en erreur.

D. Quel est le délai dans lequel les demandes en nullité doivent être faites ?

R. La demande n'est plus recevable toutes les fois qu'il y a eu cohabitation continue pendant six mois, depuis que l'époux a acquis pleine liberté ou que l'erreur a été reconnue.

———

13ᵉ LEÇON.

DES OBLIGATIONS QUI NAISSENT DU MARIAGE.

D. Quelles sont les obligations que contractent les époux en se mariant ?

R. Celles de nourrir, entretenir et élever leurs enfants.

D. Les enfants ont-ils le droit de réclamer autre chose à leurs père et mère ?

R. Non, même pour un établissement par mariage ou autrement.

D. Les père et mère peuvent-ils réclamer quelque chose à leurs enfants ?

R. Oui, ils peuvent, dans certains cas, demander des aliments, c'est-à-dire la nourriture, le logement et l'entretien, suivant leur condition et la position de fortune de leurs enfants. — Ordinairement ces aliments sont convertis en une rente viagère.

D. Quels sont les cas où ils peuvent demander ces aliments ?

R. Lorsque, soit à cause de leur vieillesse, soit pour toute autre cause, ils sont dans l'impossibilité de gagner convenablement leur vie.

D. Quels sont les cas où ils ne peuvent obtenir des aliments ?

R. 1° Lorsque la belle-mère a convolé en secondes noces ;

2° Lorsque celui des époux qui produisait la parenté ou affinité et les enfants issus de son union avec l'autre époux sont décédés.

14ᵉ LEÇON.

DES DROITS ET DES DEVOIRS RESPECTIFS DES ÉPOUX.

D. Quels sont les droits et devoirs respectifs des époux ?

R. 1° Les époux se doivent mutuellement fidélité, secours et assistance ;

2° Le mari doit protection à sa femme, et la femme obéissance à son mari ;

3° La femme est obligée d'habiter avec le mari et de le suivre partout où il juge convenable de résider ; le mari est obligé de la recevoir et de lui fournir tout ce qui est nécessaire pour les besoins de la vie, suivant ses facultés et son état ;

4° La femme ne peut faire aucun acte sans l'autorisation de son mari, excepté son testament.

D. Si le mari refuse d'accorder à sa femme l'autorisation dont elle a besoin, que doit-elle faire ?

R. Elle doit s'adresser au tribunal civil de son arrondissement, qui accordera ou refusera cette autorisation.

15ᵉ LEÇON.

DE LA DISSOLUTION DU MARIAGE.

D. Comment se dissout le mariage ?

R. Lors de la promulgation des Codes, il y avait trois cas : 1° la mort de l'un des époux ;

2° Le divorce légalement prononcé ;

3° La condamnation devenue définitive à une peine emportant la mort civile.

Aujourd'hui, le divorce et la mort civile sont abolis. La mort civile est remplacée par la dégradation civique, qui n'entraîne pas la dissolution du mariage.

D. La femme peut-elle se remarier aussitôt après la dissolution du mariage ?

R. Non ; elle ne peut contracter un nouveau mariage qu'après dix mois révolus depuis la dissolution.

De la séparation de corps.

D. Qu'est-ce que la séparation de corps?

R. C'est l'état dans lequel se trouvent deux époux après la dissolution du mariage, par jugement et pour causes déterminées.

D. Quelles sont les causes déterminées par la loi qui autorisent à demander la séparation de corps?

R. Les causes déterminées par la loi sont : 1° Les excès, sévices ou injures graves de l'un des deux époux envers l'autre ; 2° l'adultère ; mais la femme ne peut demander la séparation dans ce cas que lorsque le mari a tenu sa concubine dans la maison commune.

D. Quel est le résultat de la séparation de corps?

R. Les époux rentrent dans la jouissance et propriété de ce qu'ils avaient porté en mariage ; ils vivent séparément et à leur guise. La femme, néanmoins, ne peut faire que les actes de pure administration sans le consentement de son mari ou de justice. Les enfants, s'il y en a, restent sous la surveillance du mari, à moins que le tribunal n'en ait ordonné autrement. Ils ne peuvent se remarier.

16ᵉ LEÇON.

DE LA PATERNITÉ ET DE LA FILIATION.

D. Lorsqu'il survient un enfant en mariage, quel en est le père?

R. C'est le mari.

D. Le mari ne peut-il pas désavouer son enfant ?

R. Oui, dans plusieurs cas, qui sont spécifiés aux articles 313 et suivants du Code Napoléon.

D. Comment se prouve la filiation des enfants légitimes ?

R. Par les actes de naissance inscrits sur les registres de l'état civil, ou par la possession constante de l'état d'enfant légitime.

D. Comment s'établit la possession d'état ?

R. Par une réunion suffisante de faits qui indiquent le rapport de filiation et de parenté entre un individu et la famille à laquelle il prétend appartenir.

D. Quels sont les principaux de ces faits ?

R. 1° Si l'individu a toujours porté le nom du père auquel il prétend appartenir ;

2° Si le père l'a traité comme son enfant et a pourvu, en cette qualité, à son éducation, à son entretien et à son établissement ;

3° S'il a été reconnu constamment pour tel dans la famille et dans la société.

D. Peut-on encore prouver la filiation d'une autre manière ?

R. Oui ; la filiation peut se prouver par témoins, mais il faut un commencement de preuve par écrit.

D. Qu'est-ce qu'une preuve par écrit ?

R. La preuve par écrit résulte : 1° des titres de famille ; 2° des registres et papiers domestiques du père ou de la mère ; 3° des actes publics, ou même privés, émanés d'une partie engagée dans la contestation, ou qui y aurait intérêt si elle était vivante.

D. Qu'entend-on par actes publics ?

R. L'acte public est celui qui a été reçu par un notaire, un officier ministériel ou de l'état civil.

D. Qu'entend-on par un acte privé?

R. L'acte privé est celui qui est fait entre particuliers sans le concours d'officier ministériel.

17e LEÇON.

DES ENFANTS NATURELS.

D. Qu'entend-on par enfant naturel?

R. Celui qui est né en dehors du mariage.

D. L'enfant naturel peut-il devenir un enfant légitime ?

R. Oui, à moins qu'il ne soit né d'un commerce adultérin.

D. Comment se fait cette légitimation?

R. Par le mariage du père et de la mère; lorsqu'ils les auront légalement reconnus avant le mariage; ou qu'ils les reconnaîtront dans l'acte même de célébration.

D. Les enfants ainsi légitimés ont-ils les mêmes droits que s'ils étaient nés de ce mariage?

R. Oui, et cette légitimation peut même avoir lieu en faveur des enfants décédés qui ont laissé des descendants; dans ce cas, elle profite aux descendants.

D. Comment se fait la reconnaissance des enfants naturels?

R. Par un acte authentique, lorsqu'elle ne l'aura pas été dans l'acte de naissance.

D. Un enfant peut-il toujours être reconnu?

R. Non, s'il est né d'un commerce incestueux ou adultérin.

D. Les enfants naturels reconnus ont-ils les mêmes droits que les enfants légitimes aux successions de leurs père et mère?

R. Non. Les droits sont réglés aux titres des successions.

18ᵉ LEÇON.

DE L'ADOPTION.

D. Quelles sont les personnes qui peuvent adopter?

R. Toute personne de l'un et de l'autre sexe, pourvu qu'elle soit âgée de plus de cinquante ans, qu'elle n'ait, à l'époque de l'adoption, ni enfants, ni descendants légitimes, et qu'elle ait au moins quinze ans de plus que l'individu qu'elle se propose d'adopter.

D. Peut-on être adopté par plusieurs?

R. Non, à moins que ce ne soient les deux époux.

D. Quelles sont les conditions requises pour pouvoir être adopté?

R. Il faut avoir reçu dans sa minorité, et pendant six ans au moins, des secours et des soins non interrompus de l'adoptant, ou lui avoir sauvé la vie, soit dans un combat, soit en le retirant des flammes ou des flots. — Dans ce deuxième cas, il suffit que l'adoptant soit majeur, plus âgé que l'adopté, sans enfants ni descendants légitimes, et, s'il est marié, que son conjoint consente à l'adoption. — En aucun cas l'adoption ne peut avoir lieu avant la majorité de l'adoptant.

D. Quels sont les droits que confère l'adoption à l'adopté ?

R. 1° L'adopté prend le nom de l'adoptant qu'il ajoute au sien. — 2° Il a, sur la succession de l'adoptant, les mêmes droits qu'un enfant légitime, mais il n'a aucun droit sur les biens des parents de l'adoptant.

D. Quelles sont les formalités à remplir pour l'adoption ?

R. L'adoptant et l'adopté doivent se présenter devant le juge de paix du canton qui dressera l'acte de leur consentement respectif.

Cet acte devra être soumis au tribunal civil du ressort, qui prononcera s'il y a oui ou non lieu à l'adoption.

19ᵉ LEÇON.

DE LA TUTELLE OFFICIEUSE.

D. Qu'entend-on par tutelle officieuse ?

R. C'est une institution qui tient de la tutelle et de l'adoption.

D. Quelles sont les obligations imposées au tuteur ?

R. Nourrir, élever gratuitement le mineur, et le mettre en état de gagner sa vie au moment de sa majorité.

D. Tout mineur peut-il profiter de la tutelle officieuse ?

R. Non ; il faut que le mineur soit âgé de moins de quinze ans, et que le tuteur ait atteint sa cinquantième année.

D. Tout individu peut-il devenir tuteur officieux ?

R. Non ; un époux ne peut le devenir qu'avec le consentement de son conjoint.

20ᵉ LEÇON.

DE LA PUISSANCE PATERNELLE.

D. Qu'entend-on par puissance paternelle ?

R. Les droits qu'ont les pères sur leurs enfants.

D. Quels sont ces droits ?

R. 1° Conserver ses enfants près de lui jusqu'à leur majorité, à moins d'enrôlement volontaire après l'âge de dix-huit ans. — 2° Les faire détenir pendant un temps déterminé, suivant l'âge de l'enfant, dans une maison de correction.

D. Dans quel cas un père peut-il faire détenir ses enfants dans une maison de correction ?

R. Lorsqu'il a des sujets de mécontentement très-graves sur leur conduite.

D. Quelle peut être la durée de leur détention ?

R. Au-dessous de seize ans, un mois; depuis cet âge jusqu'à la majorité, six mois.

D. Le père peut-il abréger cette détention ?

R. Oui ; il est toujours le maître de l'abréger.

———

21ᵉ LEÇON.

DE LA MINORITÉ.

D. Qu'est-ce qu'un mineur ?

R. C'est l'individu de l'un ou de l'autre sexe qui n'a pas encore atteint l'âge de vingt et un ans.

D. Quelle est la position d'un mineur ?

R. Le mineur est sous la dépendance de ses père et mère ou tuteur; il ne peut faire aucun acte valable sans leur consentement.

De la tutelle.

D. Qu'est-ce qu'un tuteur ?

R. C'est la personne chargée légalement, ou par la volonté du dernier mourant, ou par le conseil de famille, de remplacer, auprès du mineur, les père et mère décédés, et de surveiller ses intérêts.

D. Lorsqu'un enfant mineur perd son père ou sa mère, quel est son tuteur légal ?

R. L'époux qui survit.

D. Les droits à la tutelle sont-ils les mêmes pour le père et la mère ?

R. Non.

D. Quelle différence y a-t-il ?

R. 1° Le père peut nommer à la mère survivante un conseil, sans lequel elle ne peut faire certains actes.

2° La mère qui se remarie perd de plein droit la tutelle de ses enfants; le père, dans le même cas, la conserve.

D. Si l'enfant n'a plus ni père ni mère, quel est le tuteur?

R. Celui qui a été choisi par le dernier mourant, ou par le conseil de famille; à défaut de choix, son aïeul paternel ou maternel.

22ᵉ LEÇON.

DU CONSEIL DE FAMILLE.

D. Qu'est-ce qu'un conseil de famille?

R. C'est une réunion de six parents ou alliés, pris moitié du côté paternel, moitié du côté maternel, présidée par le juge de paix du canton.

D. Où doit se tenir cette assemblée?

R. De plein droit chez le juge de paix, à moins qu'il n'ait été choisi un autre local.

Du subrogé tuteur.

D. Qu'est-ce qu'un subrogé tuteur?

R. C'est une personne nommée, soit par le dernier mourant, soit par le conseil de famille, pour surveiller les intérêts du mineur lorsqu'ils sont en opposition avec ceux du tuteur.

D. Tout mineur doit-il être pourvu d'un subrogé tuteur?

R. Oui; et le tuteur qui ne ferait pas procéder à cette nomination par le conseil de famille, s'exposerait à une grande responsabilité.

———

23ᵉ LEÇON.

DES PERSONNES DISPENSÉES DE LA TUTELLE.

D. Quelles sont les personnes qui peuvent être dispensées de la tutelle?

R. 1° Celles qui occupent certaines places du gouvernement;

2° Celles âgées de soixante-quinze ans accomplis;

3° Celles atteintes d'une infirmité grave, duement justifiée;

4° Et celles qui ont cinq enfants légitimes, lorsqu'il s'agit de la tutelle d'un enfant étranger.

D. La dispense empêche-t-elle d'accepter la tutelle?

R. Non; les personnes dispensées peuvent accepter si elles veulent.

Des personnes incapables, exclues ou qui peuvent être destituées
de la tutelle.

D. Quelles sont les personnes frappées d'incapacité de la tutelle?

R. 1° Les mineurs, excepté le père ou la mère;

2° Les interdits;

3° Les femmes autres que la mère et les ascendantes;

4° Tous ceux qui ont eu, avec ses père et mère, ou avec le mineur, un procès dans lequel les intérêts du mineur ont été compromis.

D. Quelles sont les personnes frappées d'exclusion ou qui peuvent être destituées?

R. 1° Toute personne condamnée à une peine afflictive ou infamante;

2° Les gens d'une inconduite notoire;

3° Ceux dont la gestion attesterait l'incapacité ou l'infidélité.

D. Par qui doit être prononcée la destitution du tuteur?

R. Par le conseil de famille.

D. Quelles sont les personnes qui peuvent demander cette destitution?

R. Tout parent du mineur, jusqu'au degré de cousin germain.

———

24ᵉ LEÇON.

DE L'ADMINISTRATION DU TUTEUR.

D. Que doit faire un tuteur aussitôt après sa nomination?

R. Il doit 1° dans les dix jours faire lever les scellés, s'ils ont été apposés, et procéder à l'inventaire;

2° Dans le mois qui suivra la clôture de l'inventaire, faire vendre les meubles en présence du subrogé tuteur et à la criée;

3° Tout tuteur, autre que le père ou la mère, doit faire régler approximativement, par le conseil de famille, la somme à laquelle pourra s'élever la dépense annuelle du mineur, et celle à laquelle commencera pour lui l'excédant des revenus sur les dépenses.

D. Quels sont les devoirs du tuteur envers le mineur?

R. Il doit 1° prendre soin de sa personne et le représenter dans tous les actes civils;

2° Administrer ses biens en bon père de famille; il est responsable des dommages-intérêts qui pourraient résulter de sa mauvaise gestion.

D. Quels sont les actes interdits entre le tuteur et le mineur?

R. Il ne peut acheter aucun droit contre le mineur, ni prendre ses biens à ferme.

D. Quels sont ceux permis avec le consentement du conseil de famille?

R. Il peut aliéner ou hypothéquer au profit d'un étranger tout ou partie des biens immeubles du mineur, mais seulement dans le cas d'une nécessité absolue ou d'un avantage évident. Les ventes ne peuvent être faites qu'aux enchères, soit devant un notaire, soit devant un tribunal. Il peut accepter ou répudier une succession ou une donation et introduire une demande en justice.

25ᵉ LEÇON.

DE LA REDDITION DU COMPTE DE TUTELLE.

D. A quelle époque le tuteur doit-il rendre ses comptes?

R. Lorsque la tutelle finit.

D. Comment finit la tutelle?

R. Par la majorité ou l'émancipation du mineur, et, pour le tuteur, par sa destitution.

D. Peut-on demander des comptes au tuteur pendant sa gestion?

R. Le subrogé tuteur peut toujours demander des comptes, lorsqu'il y est autorisé par le conseil de famille, mais dans le cas seulement où le tuteur n'est ni le père ni la mère du mineur.

D. Quels sont les devoirs du tuteur lorsque finit sa tutelle?

R. Donner au mineur émancipé ou devenu majeur un état détaillé de sa gestion : c'est ce qu'on appelle rendre les comptes.

D. Comment se fait cette reddition de comptes?

R. Le compte définitif de tutelle doit être fait devant notaire et approuvé par le mineur.

D. Le tuteur pourrait-il vendre, acheter ou prêter valablement au mineur devenu majeur, aussitôt après lui avoir rendu ses comptes?

R. Non; tous ces actes seraient nuls, à moins que ce ne soit dix jours après l'approbation des comptes et la remise des pièces justificatives.

D. Le majeur peut-il intenter une action contre son tuteur pour les frais de la tutelle?

R. Oui, pourvu que cette demande soit formée dans les dix ans.

26ᵉ LEÇON.

DE L'ÉMANCIPATION.

D. Quels sont les effets que produit l'émancipation?

R. Elle donne au mineur émancipé la jouissance de ses biens personnels.

D. En quoi consiste cette jouissance?

R. Il touche lui-même ses revenus et donne décharge, et peut passer des baux pourvu que la durée n'excède pas neuf ans, mais il ne peut en aucune manière aliéner son capital ou ses propriétés.

D. A quel âge peut-on être émancipé?

R. A quinze ans ou à dix-huit ans, suivant la position du mineur.

D. Dans quel cas peut-on être émancipé à quinze ans?

R. Lorsque l'émancipation a lieu par la volonté du père ou de la mère.

D. Dans quel cas peut-on être émancipé à dix-huit ans seulement?

R. Lorsque le mineur n'a plus ni père ni mère.

D. Quelles sont les formalités à remplir pour l'émancipation?

R. Le père et la mère émancipent leurs enfants par une simple déclaration au juge de paix.

Si le mineur est orphelin, le conseil de famille réuni

sur la réquisition d'un parent autorise l'émancipation qui est prononcée par le juge de paix.

D. Tous les parents peuvent-ils provoquer l'émancipation?

R. Non. Il faut être au moins cousin germain.

De la majorité.

D. A quel âge est-on majeur?

R. A vingt-et-un ans accomplis.

D. Quelles sont les conséquences de la majorité?

R. Le majeur est capable de tous les actes de la vie civile, sauf la restriction portée au titre du mariage.

De l'interdiction.

D. Qu'est-ce qu'un interdit?

R. C'est un majeur auquel, pour cause habituelle d'imbécillité, de démence ou de fureur, on a nommé un tuteur.

D. Quelle est la position de l'interdit?

R. La même que s'il était mineur.

D. Par qui l'interdiction peut-elle être provoquée?

R. Par tous parents et même par le procureur impérial.

D. Quelles sont les formalités à remplir pour faire interdire un majeur?

R. On s'adresse au tribunal de première instance qui ordonne la réunion du conseil de famille et prononce son jugement sur le vu de la délibération.

Du conseil judiciaire.

D. Qu'est-ce qu'un conseil judiciaire?

R. C'est un tuteur spécial nommé par le tribunal sans lequel le majeur ne peut faire certains actes, comme plaider, emprunter, grever ou aliéner ses biens.

DEUXIÈME PARTIE.

—

27e LEÇON.

DE LA DISTINCTION DES BIENS.

D. Comment se divisent les biens en général?

R. En meubles et immeubles.

D. Qu'est-ce qu'un bien meuble?

R. On entend par bien meuble tout ce qui peut se transporter d'un endroit à un autre, soit qu'ils se meuvent par eux-mêmes comme les animaux, soit qu'ils ne puissent changer de place que par l'effet d'une force étrangère.

D. Indiquez-moi quelques biens meubles.

R. Les chevaux, les brebis, les charrues, les chars, les chaises, les matelats, les lits, etc.

D. Qu'entend-on par bien immeuble?

R. On entend par bien immeuble les fonds de terre et les bâtiments.

D. N'existe-t-il pas une troisième distinction de biens?

R. Oui; ainsi les meubles peuvent devenir immeubles et les immeubles devenir meubles, soit à cause de leur destination, soit par la volonté de la loi.

D. Donnez-moi des exemples?

R. Les bestiaux et les instruments qui servent dans un domaine, quoique meubles, deviennent immeubles par destination. Ils sont considérés comme un complément de l'immeuble auquel ils appartiennent. Les pierres et les bois qui servent à la construction d'une maison sont meubles jusqu'au moment où ils ont été employés à cette construction.

La récolte sur pied, qui est immeuble par sa nature, devient meuble dès qu'elle est coupée.

———

28ᵉ LEÇON.

DE LA PROPRIÉTÉ.

D. Qu'est-ce que la propriété?

R. La propriété, c'est le droit de jouir et disposer des choses de la manière la plus absolue, pourvu qu'on n'en fasse pas un usage prohibé par les lois et les règlements.

D. Le droit de propriété est-il divisible?

R. Oui. On peut être propriétaire d'un bien dont un autre aurait l'usufruit, c'est-à-dire la jouissance ou le droit d'usage et d'habitation.

D. Donnez-moi une définition de l'usufruit.

R. L'usufruit est le droit de jouir d'une chose dont un autre a la propriété, mais à la charge de conserver cette chose.

D. Qu'entend-on par droit d'usage et d'habitation?

R. C'est le droit qu'a une personne de se servir *personnellement* d'une chose.

D. Quelle différence y à-t-il entre l'usufruit et l'usage?

R. L'usufruitier peut céder son droit ; son usufruit peut être saisi par les créanciers, tandis que l'usage étant personnel à l'individu, il ne peut pas y avoir cession et les créanciers ne peuvent en aucune manière l'empêcher de jouir personnellement.

D. Comment s'établissent l'usufruit ou l'usage?

R. Par la loi ou par la volonté de l'homme.

D. Citez-moi un cas où l'usufruit est établi par la loi.

R. Le père et la mère ont l'usufruit des biens revenant à leur enfant jusqu'à l'âge de dix-huit ans.

D. Dans quelle circonstance l'usufruit dépend-il de la volonté de l'homme?

R. On peut par testament donner à l'un la propriété et à l'autre l'usufruit ou l'usage de tout ou partie de cette propriété.

On peut par contrat de mariage donner mutuellement cette jouissance ou usufruit.

D. En quoi consistent les droits de l'usufruitier ou usager?

R. Il a la jouissance des produits, mais rien de plus.

D. En quoi consistent ses devoirs?

R. Il est tenu des réparations d'entretien de la chose dont il a l'usufruit.

29e LEÇON.

DES SERVITUDES OU SERVICES FONCIERS.

D. Qu'est-ce qu'une servitude?

R. Une servitude est une charge imposée sur un héritage pour l'usage et l'utilité d'un héritage appartenant à un autre propriétaire.

D. D'où dérivent les servitudes ?

R. Elles dérivent ou de la situation naturelle des lieux, ou des obligations imposées par la loi, ou des conventions entre les propriétaires.

D. Quelles sont les servitudes qui dérivent de la situation des lieux ?

R. Le droit sur les eaux et le bornage.

D. Quelles sont celles établies par la loi ?

R. Celles qui ont pour objet l'utilité publique ou communale, ou l'utilité des particuliers.

D. Indiquez-moi les servitudes d'utilité publique ou communale.

R. Les servitudes d'utilité publique ou communale ont pour objet le marchepied le long des rivières navigables ou flottables, et les constructions ou réparations des chemins et autres ouvrages publics ou communaux.

D. A quoi se rapportent celles établies pour l'utilité des particuliers ?

R. Au mur et au fossé mitoyens, aux vues sur la propriété du voisin, à l'égout des toits et au droit de passage.

D. Parlez-moi du mur et du fossé mitoyens.

R. Les murs servant de séparation entre les bâtiments, et les fossés qui séparent les héritages, sont censés mitoyens, à moins de preuve contraire.

D. Comment peut se faire cette preuve ?

R. Pour le mur, il y a marque de non-mitoyenneté lorsque l'eau tombe chez un seul propriétaire ; dans ce cas, le mur est censé lui appartenir. Quant au fossé, il y a marque de non-mitoyenneté lorsque la levée ou le rejet de la terre se trouve d'un côté seulement du fossé ; le fossé est censé appartenir exclusivement à celui du côté duquel le rejet se trouve.

D. Dans quelles conditions peut-on pratiquer une fenêtre ou une ouverture sùr l'héritage de son voisin?

R. On ne péut ouvrir aucun jour sans le consentement du voisin, lorsque le mur est mitoyen.

Si le mur n'est pas mitoyen, le propriétaire peut y pratiquer des jours ou fenêtres, mais ces jours et fenêtres ne peuvent l'être que conformes aux prescriptions de la loi.

D. Quelles sont ces prescriptions?

R. La fenêtre ou jour doit être garnie d'un treillis de fer dont les mailles auront 1 décimètre d'ouverture au plus, et le châssis doit être à verre dormant.

De plus, ils ne peuvent être établis qu'à 26 décimètres au-dessus du plancher de la chambre que l'on veut éclairer, si elle est au rez-de-chaussée, et à 19 décimètres pour les étages supérieurs.

D. Si vous voulez avoir une vue droite ou fenêtre d'aspect ou un balcon, sur l'héritage de votre voisin, quelles sont les conditions qui vous sont imposées?

R. Il faut qu'il y ait 2 mètres de distance entre le mur où on la pratique et ledit héritage.

D. S'il s'agit de plantations, quelles sont les distances?

R. Pour les arbres de haute tige, 2 mètres, et les arbres à haies vives, 1/2 mètre, à moins qu'il n'existe des règlements particuliers.

D. Si vous faites construire une maison ou un mur non mitoyen, de quel côté devez-vous faire couler les eaux pluviales?

R. Tout propriétaire doit établir les toits de manière que les eaux pluviales s'écoulent sur son terrain ou sur la voie publique; il ne peut les faire verser sur le fonds de son voisin.

D. Le propriétaire dont les fonds sont enclavés et qui n'a aucune issue sur la voie publique, peut-il réclamer un passage sur les fonds de ses voisins, et à quelles conditions ?

R. Oui, il peut réclamer un passage, mais à la charge d'une indemnité proportionnée au dommage qu'il peut occasionner.

D. Que doit faire un propriétaire dans tous les cas de servitude établis par la loi ?

R. Il doit, avant tout, s'entendre avec le propriétaire du fonds voisin, pour éviter tout procès, et, en cas de difficulté, s'adresser au juge de paix de son canton, qui nommera un expert ou se transportera lui-même sur les lieux.

30ᵉ LEÇON.

SUITE DES SERVITUDES.

D. Comment se divisent les servitudes qui peuvent être établies par le fait de l'homme ?

R. Il y a 1° les servitudes continues ou discontinues ; 2° Les servitudes apparentes ou non apparentes.

D. Qu'est-ce qu'une servitude continue ?

R. On entend par servitude continue celle qui est ou peut être continuelle, sans avoir besoin du fait actuel de l'homme : tels que les conduites d'eau, les égouts, les vues.

D. Qu'est-ce qu'une servitude discontinue ?

R. On entend par servitude discontinue celle qui a besoin du fait actuel de l'homme pour être exercée : tels que les droits de passage, de puisage, de pacage, etc.

D. Qu'est-ce qu'une servitude apparente?

R. Une servitude est apparente lorsqu'elle s'annonce par des ouvrages extérieurs, comme une porte, une fenêtre, un aqueduc.

D. Quand la servitude est-elle non apparente?

R. Lorsqu'il n'existe pas de signes extérieurs de son existence, comme, par exemple, la défense de bâtir sur un fonds ou qu'à une hauteur déterminée.

D. Pourquoi cette différence entre toutes les servitudes?

R. Parce que, suivant leur espèce, il existe un mode différent de prouver leur existence.

D. Indiquez-moi les différents moyens à employer pour prouver l'existence des diverses servitudes.

R. La servitude continue et apparente est la seule qui puisse s'établir par la prescription ; pour les autres, elles ne peuvent se prouver que par titre. Ainsi vous prouvez que depuis trente ans telle porte, telle fenêtre, etc., existent : alors la servitude est maintenue à votre profit ; mais, pour tout autre genre de servitude, si vous n'avez pas un titre, la preuve par témoin ne signifiera rien.

D. Comment cessent les servitudes?

R. Les servitudes cessent lorsque les choses se trouvent en tel état qu'on ne peut plus en user ; mais elles peuvent revenir si les choses sont rétablies de manière qu'on puisse en user, et dans un délai qui ne puisse pas faire présumer l'extinction de la servitude.

D. Quel est ce délai?

R. Le délai est de trente ans, qui commencent à courir du jour où l'on a cessé de jouir.

D. Comment s'éteignent les servitudes?

R. Les servitudes s'éteignent par la prescription de trente ans, comme il est dit plus haut; ou par la volonté des parties.

31ᵉ LEÇON.

DES DIFFÉRENTES MANIÈRES DONT ON ACQUIERT LA PROPRIÉTÉ.

D. Comment devient-on propriétaire?

R. Par succession, par donation entre-vifs ou testamentaire, par l'effet des obligations, par accession et par prescription.

D. Qu'est-ce qu'un trésor?

R. C'est une chose trouvée enfouie depuis longtemps, et dont personne ne peut justifier la propriété.

D. A qui appartient un trésor?

R. La propriété d'un trésor appartient à celui qui le trouve dans son propre fonds; si le trésor est trouvé dans le fonds d'autrui, il appartient pour moitié à celui qui l'a découvert, et pour l'autre moitié au propriétaire du fonds.

D. Dans le cas où l'on trouve une chose sur son propre fonds ou sur le fonds d'autrui, à qui appartient-elle?

R. Elle reste la propriété de celui qui l'a perdue, et doit être remise entre les mains de l'autorité, qui en fera rechercher le propriétaire. Si elle n'est pas réclamée dans l'année, alors, mais alors seulement, elle devient la propriété de celui qui l'a trouvée.

D. Combien existe-t-il de manières d'acquérir la propriété?

R. Deux : à titre onéreux ou à titre gratuit.

D. Comment acquiert-on la propriété à titre onéreux?

R. Par la vente et tout acte stipulant en échange un équivalent.

D. Comment acquiert-on à titre gratuit?

R. Par donation, legs et tout acte où il n'est donné en échange aucun équivalent.

32ᵉ LEÇON.

DES SUCCESSIONS.

D. Qu'est-ce qu'une succession?

R. On entend par succession la masse de l'actif et du passif d'une personne décédée.

D. Comment la loi règle-t-elle les successions?

R. Elle met au premier rang les héritiers en ligne directe, au deuxième les collatéraux, au troisième l'enfant naturel, au quatrième le conjoint, au cinquième l'État.

D. Qu'entend-on par héritier en ligne directe?

R. Les héritiers en ligne directe sont ceux qui descendent les uns des autres : ainsi le père, le fils, le petit-fils, sont en ligne directe.

D. Qu'entend-on par héritier en ligne collatérale?

R. Les héritiers en ligne collatérale sont ceux qui ne descendent pas les uns des autres, mais qui ont un auteur commun : ainsi le frère et la sœur qui ont le même père (auteur commun) sont en ligne collatérale. Les enfants du frère seront en ligne directe avec leur père et leur grand-père, mais en ligne collatérale avec les enfants de la sœur et leurs descendants, et réciproquement pour les enfants de la sœur.

D. Comment appelle-t-on les héritiers en ligne directe ou collatérale?

R. On les appelle héritiers légitimes.

D. Quel nom donne-t-on aux autres trois catégories : l'enfant naturel, le conjoint et l'État?

R. On les appelle héritiers irréguliers.

D. Donnez-moi une explication pratique de la règle ci-dessus.

R. Si le décédé laisse des enfants légitimes, ils partagent entre eux la succession par portions égales;

S'il n'y a pas d'enfants légitimes, la succession revient aux collatéraux, moins une part à l'enfant *naturel* reconnu, s'il en existe;

S'il n'y a pas d'héritiers légitimes ou collatéraux, ni d'enfants naturels, mais un des époux survivants, il succède seul;

Et enfin, dans le cas où il n'y aurait ni héritier naturel, ni enfant légitime, ni époux survivant, la succession appartient à l'État.

D. Si une personne décède sans enfants, mais laisse son père et sa mère, des frères et sœurs ou des descendants d'eux, comment se divise sa succession?

R. Son père et sa mère prennent chacun un quart; ses frères et sœurs ou leurs descendants se partagent l'autre moitié.

D. Si le père ou la mère survivent seuls, qu'arrive-t-il ?

R. Le survivant prend un quart, les frères et sœurs les autres trois quarts.

D. Si le père et la mère sont décédés, à qui appartient la succession ?

R. Aux frères et sœurs ou à leurs descendants.

D. Quelle est la part d'un enfant naturel reconnu dans la succession de son père ou de sa mère ?

R. Si le père ou la mère a laissé des descendants légitimes, ce droit est d'un tiers de la portion héréditaire d'enfants légitimes ; il est de la moitié lorsque les père ou mère ne laissent pas d'enfants légitimes, mais des ascendants ou des frères ou sœurs ; il est des trois quarts lorsqu'il n'y a ni ascendants, ni frères, ni sœurs ; il est de la totalité lorsqu'il n'y a pas de parents au degré successible.

Néanmoins, toute réclamation leur est interdite lorsqu'ils ont reçu, du vivant de leur père ou de leur mère, la moitié de ce qui leur est attribué.

Les enfants de l'enfant naturel peuvent réclamer les mêmes droits.

33ᵉ LEÇON.

SUITE DES SUCCESSIONS.

D. Est-on obligé d'accepter une succession ?

R. Non ; on peut la répudier purement et simplement, c'est-à-dire déclarer qu'on n'en veut pas ; ou l'accepter sous bénéfice d'inventaire, c'est-à-dire qu'on veut, avant tout, savoir si elle est profitable ou non.

D. Que faut-il faire pour répudier ou accepter une succession sous bénéfice d'inventaire?

R. Il faut, accompagné d'un avoué, se présenter au greffe du tribunal civil, et y faire sa déclaration.

D. Est-on obligé de faire de suite cette déclaration?

R. Non; la loi accorde trois mois pour faire inventaire, et quarante jours en sus pour délibérer; cette déclaration doit être faite dans ce délai.

D. Dans quel cas doit-on répudier une succession?

R. Lorsqu'il y a plus de dettes que d'actif.

D. Dans quel cas doit-on accepter sous bénéfice d'inventaire ?

R. Lorsque, d'après un inventaire sommaire, on n'a pas pu se rendre un compte exact de la situation, et qu'on espère qu'une fois les dettes payées, il restera quelque chose.

D. Lorsqu'une succession vous arrive, sur laquelle vous n'avez pas de renseignements certains, que devez-vous faire?

R. Vous devez, dans le plus bref délai, faire faire l'inventaire par un notaire. Si le résultat est favorable, vous pouvez l'accepter purement et simplement, mais, dans le doute, il faut accepter sous bénéfice d'inventaire et faire vendre ce qui a été inventorié. Le produit servira à payer les dettes et les frais, le reste vous appartiendra; mais surtout, d'une manière expresse, il ne faut rien détourner de la succession, ne serait-ce qu'un souvenir, sous peine d'être déclaré héritier pur et simple.

D. Pourquoi ces recommandations ?

R. Parce que l'héritier pur et simple est obligé de payer toutes les dettes, et que, si la succession ne suffit pas, il doit le faire avec son propre argent.

D. Lorsqu'une succession est ou devient vacante, c'est-à-dire qu'il n'y a personne pour la recueillir, que devient-elle ?

R. Le tribunal civil nomme un curateur chargé de gérer les biens : c'est contre lui que les créanciers doivent agir.

34ᵉ LEÇON.

DU PARTAGE.

D. Qu'est-ce que le partage ?

R. C'est l'acte par lequel il est attribué à chaque cohéritier la part qui lui revient dans une succession.

D. Comment se fait un partage ?

R. 1° Amiablement, par acte sous signature privée, lorsque toutes les parties sont d'accord et savent signer, ou devant notaire par acte authentique. 2° Judiciairement, par jugement du tribunal civil.

D. Dans quel cas le partage doit-il être fait judiciairement ?

R. Lorsque les héritiers ne sont pas d'accord ou lorsqu'il y a des mineurs ; dans ce dernier cas le partage judiciaire est le seul qui puisse éviter des procès dans l'avenir et le seul légal.

D. A qui faut-il s'adresser pour procéder à un partage?

R. Pour un partage amiable, à un expert. Si tous les cohéritiers savent signer, on peut alors se dispenser du notaire qui devient nécessaire dans le cas contraire, mais pour un partage judiciaire à un avoué.

D. Comment se payent les dettes de la succession partagée?

R. Par chaque cohéritier proportionnellement à la art qu'il a prise dans la succession.

D. Quel est le délai dans lequel les droits de succession doivent être payés?

R. Les droits doivent être payés dans les six mo:s de l'ouverture, c'est-à-dire du décès.

D. A qui doit-on payer?

R. Au receveur de l'enregistrement.

35ᵉ LEÇON.

DISPOSITION DES BIENS A TITRE GRATUIT.

Donation et testament.

D. Qu'est-ce qu'une donation?

R. C'est l'acte par lequel on se dépouille actuellement et irrévocablement d'une chose au profit d'une personne qui accepte.

D. Qu'est-ce qu'un testament?

R. C'est l'acte par lequel on dispose pour le temps où l'on n'existera plus de tout ou partie de ses biens.

D. Les donations et testaments peuvent-ils être révoqués?

R. Oui.

D. Comment un testament peut-il être révoqué?)

R. Il l'est de plein droit par un autre testament postérieur.

D. Comment la donation peut-elle être révoquée?

R. Pour inexécution des charges, pour cause d'ingratitude et pour survenance d'enfant au donateur.

D. La révocation des donations a-t-elle lieu de plein droit?

R. Oui, pour survenance d'enfant; non, pour les autres deux cas; il faut alors qu'il y ait jugement déclarant l'ingratitude ou la non-exécution des charges.

D. Quels sont les cas d'ingratitude?

R. S'il y a attentat à la vie du donateur ou refus d'aliments dans le besoin.

———

36e LEÇON.

DE LA FORME DU TESTAMENT.

D. Combien y a-t-il de formes de testament?

R. Le testament peut être fait : 1° Par le testateur lui-même, mais il doit être *écrit, signé et daté par lui.* On l'appelle testament olographe. C'est le plus simple et le moins sujet à contestation.

2° Écrit par le testateur ou par un étranger, mais au moins signé par le testateur qui le présente à un notaire clos et cacheté en présence de six témoins déclarant que c'est son testament. On l'appelle testament mystique.

3° Par un notaire qui doit l'écrire tel qu'il lui est dicté par le testateur, lui en donner lecture en présence des témoins et faire expressément mention dans l'acte de cette lecture.

D. Le testament olographe ou mystique doit-il être écrit sur papier timbré sous peine de nullité?

R. Non. Quel que soit le papier, le testament est bon, mais, autant que possible, le testateur doit mettre en tête de ses dernières volontés : *Ceci est mon testament*, pour ne pas laisser confondre ce papier avec d'autres sans valeur.

D. Tous ces testaments ont-ils la même valeur?

R. Qui; mais le testament olographe est le moins attaquable, et, si l'on sait écrire, c'est ainsi que l'on doit faire ses dernières dispositions.

D. Tout le monde peut-il être témoin dans un testament?

R Non. Le clerc du notaire qui le reçoit, un des légataires, son parent ou son allié, ne peuvent être témoins. Hors de là, il suffit d'être Français, mâle, majeur, et de jouir de ses droits civils.

D. Au lieu de faire un testament, ne peut-on pas faire un partage anticipé de ses biens entre ses enfants?

R. Le partage anticipé est permis, mais dans ce cas (ceci est notre observation particulière) le père de famille doit se réserver la jouissance de tout ou partie, ou, s'il ne se fait aucune réserve, il doit dans son intérêt personnel prendre hypothèque sur les biens donnés pour la pension viagère qu'il aura stipulée dans le partage.

D. Le père ou la mère, en mariant leurs enfants, peuvent-ils, pour s'éviter un testament, leur assurer après eux tout ou partie de leurs biens?

R. Oui; mais si la donation en faveur du mariage indique les biens en général qui existeront au moment du décès, les père et mère ont droit de disposer de tout, de vendre, hypothéquer, et les enfants ne les prendront que dans l'état où ils se trouveront. Dans ce cas il est donc de l'intérêt des donataires, c'est-à-dire des époux, de faire indiquer dans la donation toutes les propriétés qui en font partie.

D. Un étranger peut-il intervenir dans un contrat de mariage et faire une donation à l'un et l'autre des époux?

R. Oui; mais c'est alors, pour que cette donation ne soit pas illusoire, qu'il faut, s'il s'agit des biens après décès, les faire indiquer d'une manière spéciale.

D. Les époux peuvent-ils se faire des donations par contrat de mariage?

R. Oui.

D. Quelles sont les donations autorisées par la loi?

R. S'il n'y a pas d'héritiers à réserve, c'est-à-dire des descendants ou ascendants, la totalité; — s'il y a des ascendants, la moitié ou les trois quarts et l'usufruit de la part réservée aux ascendants; — s'il y a des enfants légitimes, le quart de ces biens en propriété, et le quart en usufruit, ou bien la moitié en usufruit.

D. Les époux peuvent-ils pendant le mariage se faire des donations qui ne seraient pas portées dans leur contrat?

R. Non, on ne peut rien changer aux clauses d'un contrat de mariage; le seul moyen existant, c'est un testament disposant de ce qui n'est pas réservé par la loi.

37ᵉ LEÇON.

DES CONTRATS OU OBLIGATIONS CONVENTIONNELLES
EN GÉNÉRAL.

D. Qu'est-ce qu'un contrat ou obligation ?

R. Le contrat est une convention par laquelle une ou plusieurs personnes s'obligent envers une ou plusieurs autres à donner, à faire ou ne pas faire quelque chose.

D. Quelles sont les conditions essentielles pour la validité d'une convention ?

R. Quatre conditions sont essentielles pour la validité des conventions :

1° Le consentement de celui ou de ceux qui s'obligent ;

2° La capacité de contracter ;

3° Un objet certain qui forme la matière de l'engagement ;

4° Une cause licite dans l'obligation.

D. Si la convention ne contient pas toutes ces conditions, est-elle nulle de plein droit ?

R. Non. Il faut que sur une assignation en nullité il intervienne un jugement conforme à la demande.

D. Quel effet produisent les conventions ?

R. Les conventions légalement formées tiennent lieu de loi à ceux qui les ont faites.

Elles ne peuvent être révoquées que de leur consentement mutuel ou pour les causes que la loi autorise.

Elles doivent être exécutées de bonne foi.

D. A quoi s'exposent ceux qui n'exécutent pas l'obligation qu'ils ont contractée?

R. A des dommages-intérêts, mais il faut qu'ils aient été mis en demeure d'exécuter ce qu'ils ont promis.

Cette mise en demeure ou sommation n'est valable que faite par un acte d'huissier.

D. Les conventions produisent-elles un effet vis-à-vis du tiers?

R. Les conventions ne peuvent jamais nuire au tiers, elles ne peuvent que lui profiter s'il y a stipulation en sa faveur.

D. Quelles sont les personnes incapables de contracter?

R. Les mineurs, les interdits et les femmes mariées sans le consentement de leur mari.

D. Peut-on contracter une obligation pour une cause et à des conditions quelconques?

R. On peut contracter une obligation pour toutes causes et à toutes conditions, pourvu que la cause soit licite, non prohibée par la loi ni contraire aux bonnes mœurs.

Ainsi, l'acte par lequel on s'engage à donner une somme quelconque à un individu à la condition par lui de vous faire exempter du service militaire est nul. La cause est illicite.

La vente de ses droits sur la succession d'une personne qui est encore vivante est prohibée par la loi et par conséquent nulle.

D. L'obligation peut-elle avoir lieu par plusieurs personnes vis-à-vis de plusieurs autres?

R. Oui; et dans ce cas ces obligations sont solidaires ou non solidaires.

D. Quelle différence y a-t-il entre une obligation solidaire et celle qui ne l'est pas?

R. Lorsque l'obligation est solidaire, tous ceux qui se sont engagés doivent remplir personnellement l'obligation entière, c'est-à-dire, s'il s'agit d'une somme de mille francs que plusieurs se sont engagés *solidairement* à rembourser, celui à qui cette somme est due peut forcer à son choix un de ceux qui se sont engagés à lui payer la totalité sauf à lui à se faire rembourser par les autres.

Si l'obligation n'est pas solidaire, il ne peut demander à chacun que sa part proportionnelle; ainsi, dans le même cas, supposons quatre engagés au remboursement de la somme de mille francs, ils ne peuvent être forcés de payer chacun que deux cent cinquante francs.

D Comment s'éteignent les obligations?

R. 1° Par le payement, 2° par la novation, 3° par la remise volontaire, 4° par la compensation, 5° par la confusion, 6° par la perte de la chose, 7° par la nullité ou la rescision.

38ᵉ LEÇON.

DU PAYEMENT EN GÉNÉRAL.

D. Entre les mains de qui le payement doit-il avoir lieu?

R. Le payement doit être fait au créancier ou à quelqu'un ayant pouvoir de lui, ou qui soit autorisé par justice ou par la loi à recevoir pour lui.

Ainsi on paye légalement à un tuteur ce que l'on doit au mineur.

On ne doit pas payer à un tiers sans qu'il soit porteur d'une procuration notariée, ou sous signature privée, mais enregistrée, qui l'autorise à recevoir, ou encore d'un jugement lui donnant ce même droit. Les actes en vertu desquels il reçoit doivent être relatés dans la quittance.

Tout payement fait à un incapable, soit un mineur, un interdit ou une femme mariée, n'est pas valable.

D. Qui doit supporter les frais occasionnés pour le payement?

R. Les frais de payement sont à la charge du débiteur.

D. Le payement peut-il être fait par une tierce personne?

R. Oui; et, en payant, cette tierce personne a le droit, sans le consentement du débiteur, de se faire subroger au lieu et place du créancier, mais cette subrogation n'a d'effet vis-à-vis le débiteur que du jour où elle lui a été signifiée par huissier; il peut, jusque-là, payer valablement à son premier créancier; mais, s'il est intervenu dans l'acte pour accepter la subrogation, il n'a plus rien à faire dès ce jour avec son premier créancier.

D. Si un créancier refuse de recevoir son payement, que doit-on faire?

R. On lui fait faire par huissier des offres réelles, c'est-à-dire qu'on lui fait présenter en espèces la somme qu'on croit lui devoir; s'il la refuse, on la fait déposer par le même huissier, pour Paris, à la caisse des dépôts et consignations, pour la province, chez le receveur particulier.

Cette consignation libère complétement le débiteur, pourvu que les offres soient suffisantes, et tous les frais à dater de ce jour sont à la charge du créancier qui n'a pas voulu accepter les offres.

D. Pouvez-vous m'indiquer un moyen de se libérer lorsqu'on n'est pas en état de payer toutes ses dettes ?

R. On peut faire à ses créanciers l'abandon total de ses biens. Dans le cas où les créanciers ne voudraient pas accepter cet abandon, on peut le faire accepter judiciairement, en faisant assigner tous les créanciers devant le tribunal civil.

D. En outre de la quittance d'une dette, n'existe-t-il aucune autre preuve de payement ?

R. La possession du titre original sous seing privé fait preuve de libération ; s'il s'agit d'un acte authentique, la possession de la grosse fait seulement présumer le payement, sauf au créancier à prouver le contraire.

La remise de ces titres originaux doit avoir lieu volontairement, sans quoi la possession ne produit aucun effet.

D. Si deux personnes se trouvent débitrices l'une de l'autre, qu'arrive-t-il si l'une de ces personnes veut contraindre l'autre à la payer ?

R. La personne que l'on veut contraindre à payer oppose ce qu'on appelle la compensation, c'est-à-dire qu'elle dit à celle qui la poursuit : Je vous dois, c'est vrai, mais vous me devez à moi pareille somme, donc nous sommes quittes.

D. Quelles sont les conditions nécessaires à une libération valable par la compensation ?

R. Il faut que les deux dettes aient pour objet une somme d'argent, et qu'elles soient également liquidées et exigibles.

39ᵉ LEÇON.

DES ACTES AUTHENTIQUES ET SOUS SIGNATURE PRIVÉE.

D. Comment se contractent les obligations?

R. Les obligations se contractent par des actes authentiques ou sous signature privée.

D. Qu'est-ce qu'un acte authentique?

R. L'acte authentique est celui qui a été reçu par un officier public (notaire, maire ou huissier) ayant le droit d'instrumenter dans le lieu où l'acte a été rédigé et avec les solennités requises.

D. Qu'est-ce qu'un acte sous signature privée?

R. L'acte sous signature privée est celui qui est rédigé par les parties, sans le secours de l'officier public, et qui est signé par elles.

D. Est-il nécessaire, pour l'acte sous signature privée comme pour l'acte authentique, qu'il soit rédigé sur papier timbré?

R. Non; il est aussi bon sur papier libre que sur papier timbré; mais, si l'on est obligé de le faire valoir en justice, il faut qu'il soit soumis à l'enregistrement, et alors il est sujet à une forte amende, qu'il est facile d'éviter en le faisant toujours sur papier timbré.

D. Lorsque l'acte sous signature privée est fait entre plusieurs parties qui s'obligent réciproquement, quelles sont les formalités obligatoires sous peine de nullité?

R. L'acte doit être fait en autant d'originaux qu'il y a de parties contractantes, et doit porter mention expresse du nombre de ces copies.

Ainsi, s'il est fait entre deux parties, il ne faut pas

oublier d'écrire à la fin, avant la signature : *fait double,* ou *triple,* s'il y a trois parties.

Il n'a de valeur contre les tiers que **du** jour où il a été enregistré.

Il n'est pas besoin qu'il soit écrit par une des parties, mais il faut qu'il soit signé par toutes, avec la mention : *approuvé l'écriture ci-dessus* avant la signature, s'il est possible.

D. Peut-on prouver par témoins toute espèce de conventions ?

R. Non ; lorsqu'il s'agit d'une somme ou d'une valeur de plus de 150 fr., la preuve testimoniale n'est pas admise, à moins qu'il n'existe un commencement de preuve par écrit.

D. Qu'entend-on par commencement de preuve par écrit ?

R. On appelle ainsi tout acte par écrit qui est émané de celui contre lequel la demande est formée, ou de celui qu'il représente, et qui rend vraisemblable le fait allégué.

———

40ᵉ LEÇON.

DE LA RESPONSABILITÉ DES PARENTS, MAITRES ET PATRONS.

D. Lorsqu'un enfant ou un domestique commettent un délit ou quasi-délit emportant condamnation à des dommages-intérêts, quelles sont les personnes responsables de ces dommages-intérêts ?

R. Le père, et la mère, après le décès du mari, sont responsables des dommages causés par leurs enfants mineurs *habitant avec eux.*

3.

Les maîtres, du dommage causé par leurs domestiques; les instituteurs et artisans, du dommage causé par leurs élèves ou apprentis, *pendant le temps qu'ils sont sous leur surveillance.*

Le propriétaire d'un animal, ou celui qui s'en sert, répondent du dommage que l'animal a causé, soit que l'animal fût sous leur garde, ou qu'il fût égaré ou échappé.

DU CONTRAT DE MARIAGE.

D. Combien y a-t-il d'espèces de contrats de mariage ?

R. On se marie sous le régime dotal ou sous celui de la communauté.

D. Lorsqu'il n'y a pas de contrat, quel est le régime reconnu par la loi ?

R. Le régime de la communauté.

D. Quelle différence y a-t-il entre le régime dotal et le régime de la communauté ?

R. Sous le régime dotal, le mari ne peut disposer d'aucun des biens dotaux de sa femme, qui, de son côté, ne peut les aliéner, excepté pour l'établissement de ses enfants ou pour sortir son mari de prison, lorsqu'il y a été mis pour dettes, et encore cette autorisation doit être accordée par jugement du tribunal civil.

Sous le régime de la communauté, le mari administre seul les biens, tant les siens propres que ceux apportés en communauté. Il peut les vendre, aliéner, hypothéquer sans le concours de sa femme, qui conserve comme garantie un droit de recours contre les biens de son mari.

D. Si le mari fait de mauvaises affaires, la femme a-t-elle le moyen de conserver son patrimoine ?

R. Oui ; il suffit de former devant le tribunal civil une demande en séparation de biens.

D. Comment peut-on prouver que son mari fait de mauvaises affaires ?

R. En rapportant des actes de poursuite judiciaire, comme des commandements, des procès-verbaux de saisie.

D. Quels sont les effets d'une demande en séparation de biens ?

R. S'il s'agit du régime dotal, la femme reprend tout ce qu'elle a apporté net et quitte de toutes charges.

Il en est de même pour la femme mariée sous le régime de la communauté, mais il faut qu'elle renonce à cette communauté.

D. Quels sont les avantages résultant de ces deux modes de contrat ?

R. Sous le régime dotal, les biens de la femme lui sont assurés quoi qu'il arrive ; sous le régime de la communauté, la femme court les chances de tout perdre si son mari n'a rien pour répondre, comme aussi elle a l'avantage de participer pour moitié à l'accroissement de la fortune, s'ils font de bonnes affaires.

41ᵉ LEÇON.

DE LA VENTE.

D. Qu'est-ce que la vente ?

R. C'est une convention par laquelle l'un s'oblige à livrer une chose, et l'autre à la payer.

D. Comment se font les ventes ?

R. Elles peuvent être faites par acte authentique ou sous signature privée.

D. Quelles sont les choses qui peuvent être vendues ?

R. Tout ce qui est dans le commerce peut être vendu, lorsque les lois particulières ne l'ont pas prohibé.

D. Le mari peut-il vendre à sa femme ?

R. Oui ; mais dans les cas suivants :

1° Dans le cas où, après séparation, le mari cède des biens à sa femme en payement de ses droits ;

2° Dans le cas où le mari remplit, par cette vente, soit l'argent qu'il a touché pour elle, soit le produit de la vente de biens dotaux.

D. Si l'acquéreur se trouve évincé de l'objet qu'il a acheté, quels sont ses droits sur le vendeur ?

R. Il peut l'assigner en garantie et lui faire rembourser le prix de la vente avec des dommages-intérêts.

D. La garantie existe-t-elle toujours ?

R. Oui, de plein droit ; mais on peut stipuler dans la vente qu'elle est faite sans garantie, et cette stipulation fait loi vis-à-vis les parties.

D. Si l'acheteur ne paye pas le prix de la vente, que doit faire le vendeur ?

R. Le vendeur peut demander la résolution de la vente.

D. Qu'est-ce qu'une vente sous faculté de rachat ?

R. La vente sous faculté de rachat est celle par laquelle l'acquéreur prend l'engagement de rétrocéder au vendeur l'objet de la vente dans un certain délai et suivant un prix convenu.

D. Ce genre de vente est-il permis pour toutes les choses qui peuvent être vendues?

R. Non; il est interdit pour les objets mobiliers, et prend, dans ce cas, le nom de prêt sur gage.

Quant aux immeubles, la vente sous faculté de rachat est nulle lorsque, en outre de la faculté de rachat, il y a vileté de prix et relocation de l'immeuble faisant l'objet de la vente.

Exemple : Pierre vend à Jacques un champ valant 1,200 fr., pour 600 fr.; il se réserve la faculté de le racheter, et, pendant ce délai, il reste fermier du champ.

D. Pourquoi cette vente est-elle sujette à la nullité?

R. On la considère comme un prêt usuraire déguisé.

D. N'existe-t-il pas d'autres cas où la nullité de la vente peut être demandée?

R. Oui, pour cause de lésion; mais il faut qu'elle soit des sept douzièmes, c'est-à-dire qu'une propriété valant 1,200 fr. ait été vendue moins de 500 fr.

D. Comment se fait l'estimation de la propriété?

R. L'immeuble est estimé suivant son état et sa valeur au moment de la vente.

D. Dans quel délai doit être faite la demande en nullité pour cause de lésion?

R. Dans les deux années à compter du jour de la vente.

DE LA LICITATION.

D. Qu'entend-on par licitation?

R. C'est la vente aux enchères d'une chose commune qui ne peut être partagée commodément sans perte.

D. Quels sont les cas les plus usuels de licitation ?

R. La licitation a surtout lieu lors des partages de succession : lorsqu'il est légalement reconnu que la chose ne peut se partager, on ne peut pas s'opposer à la vente.

DE L'ÉCHANGE.

D. Si, au lieu de vendre une chose, vous voulez l'échanger, cela vous est-il permis ?

R. Oui; on peut se donner réciproquement une chose pour une autre.

D. Comment se fait l'échange ?

R. Comme la vente.

D. Toutes les règles prescrites par le contrat de vente s'appliquent-elles à l'échange ?

R. Oui, excepté en ce qui concerne la nullité, qui ne peut être demandée pour cause de lésion.

Celui qui se prétend lésé n'a droit qu'à des dommages-intérêts.

42ᵉ LEÇON.

DES CONTRATS DE LOUAGE.

D. Qu'est-ce qu'un contrat de louage ?

R. C'est l'acte par lequel une des parties s'engage à faire jouir d'une chose ou à faire quelque chose pour l'autre moyennant un prix convenu.

D. Combien y a-t-il d'espèces de louage ?

R. Quatre principales :

1° Le *bail à loyer,* c'est-à-dire le louage des maisons et des meubles ;

2º Le *bail à ferme,* celui des héritages ruraux ;

3º Le louage du travail ou du service ;

4° Le bail à cheptel, celui des animaux.

D. Comment se font les baux des maisons et des biens ruraux ?

R. Ils se font par écrit ou verbalement.

D. Si le bail est fait verbalement, s'il n'a pas été exécuté et qu'il soit nié par une des parties, comment peut-on le prouver ?

R. Il ne peut être prouvé que par le serment qui doit être déféré à celui qui nie le bail.

D. Si l'exécution a commencé sans qu'il existe de quittance, comment se fait la preuve ?

R. Le propriétaire est cru sur son serment, mais le locataire a le droit de demander l'estimation par experts.

D. Quelles sont les obligations du bailleur ?

R. Le bailleur doit délivrer au preneur la chose louée, entretenir cette chose en état de servir à l'usage pour lequel elle a été louée, et en faire jouir paisiblement le preneur pendant la durée du bail.

D. Quelles sont les obligations du preneur ?

R. Le preneur doit user de la chose louée en bon père de famille, et payer le prix du bail aux termes convenus. Il doit la rendre telle qu'il l'a reçue sans dégradation, sous peine de dommages-intérêts.

D. Quelles sont les réparations à la charge du bailleur ?

R. Ce sont les réparations dites locatives, occasionnées par vétusté ou force majeure.

Le curage des puits et celui des fosses d'aisance sont aussi à sa charge.

D. Quelles sont les réparations à la charge du locataire?

R. Ce sont celles de menu entretien, comme les carreaux cassés, les tablettes de cheminées, etc.

43ᵉ LEÇON.

DES RÈGLES PARTICULIÈRES AUX BAUX A FERME DES FONDS RURAUX.

D. Combien y a-t-il d'espèces de bail à ferme?

R. Trois espèces :

1° Le bail à moitié récolte;

2° Le bail à grain fixe;

3° Le bail pour une somme d'argent déterminée.

D. Qu'est-ce que le bail à moitié récolte?

R. C'est celui par lequel le preneur s'engage à donner au bailleur moitié des fruits en général qu'il récoltera sur la terre affermée.

D. Qu'est-ce que le bail à grain fixe?

R. C'est celui par lequel le preneur s'engage à donner au bailleur une quantité fixe d'une ou plusieurs espèces des produits de la terre louée.

D. Qu'est-ce que le bail pour une somme d'argent déterminée?

R. C'est celui par lequel le preneur s'engage à payer au bailleur une somme d'argent convenue.

D. Est-il permis de faire un bail dans lequel ces trois espèces entreront pour partie?

R. Oui; on peut convenir dans un bail que le preneur donnera tant en grains, tant en argent; on peut aussi se faire telles réserves que l'on juge convenable.

D. Dans quel cas le bailleur a-t-il le droit de faire résilier le bail?

R. Le bailleur peut faire résilier le bail si le preneur emploie la chose louée à un autre usage que celui auquel elle a été destinée, s'il n'exécute pas les clauses du bail et *qu'il en résulte un dommage pour le bailleur.*

D. Dans quel cas y a-t-il lieu à des dommages-intérêts de la part du preneur?

R. Lorsque la résiliation provient de son fait, lorsqu'il n'a pas averti le propriétaire des usurpations qui peuvent être commises sur les fonds.

D. Le fermier peut-il demander une remise totale ou partielle de son prix de ferme?

R. Oui; le fermier peut, dans certains cas, demander cette remise; le juge peut même l'autoriser provisoirement à ne payer qu'une partie du prix en raison de la perte soufferte.

D. Dans quelles conditions les remises peuvent-elles avoir lieu?

R. Pour que le fermier soit en droit de demander une remise, il faut que la totalité ou la moitié au moins d'une récolte soit enlevée par cas fortuit.

D. Si la perte a lieu après que les fruits ont été séparés de la terre, les droits du fermier sont-ils toujours les mêmes?

R. Non; il ne peut demander une remise que dans le cas où par le bail il s'est engagé à donner une quantité de la récolte en nature.

D. Lorsque le bail est fait verbalement, quelle en est la durée reconnue par la loi?

R. Le bail sans écrit d'un fonds rural est censé fait pour le temps qui est nécessaire afin que le preneur recueille tous les fruits de l'héritage affermé.

Ainsi le bail à ferme d'un pré, d'une vigne, d'un champ qui s'ensemence chaque année, est censé fait pour un an.

Le bail de plusieurs terres qui se divisent et ne s'ensemencent que tous les deux ou trois ans, est fait pour deux ou trois ans, suivant le cas, de manière que chacune des terres ait apporté son produit au fermier.

D. Quelles sont les obligations du fermier à la fin du bail, lors de sa sortie?

R. Le fermier doit laisser les terres dans l'état de culture où il les a prises, ainsi que les pailles et les engrais que le propriétaire peut toujours retenir en les payant, suivant l'estimation, s'il n'en existait pas lorsqu'il est entré en jouissance.

44ᵉ LEÇON.

DU BAIL A CHEPTEL.

D. Qu'est-ce qu'un bail à cheptel?

R. Le bail à cheptel est un contrat par lequel l'une des parties donne à l'autre un fonds de bétail pour le garder, le nourrir et le soigner sous des conditions convenues entre elles.

D. Combien y a-t-il de sortes de cheptel?

R. Il y en a de trois sortes : 1° le cheptel simple ou ordinaire ; 2° le cheptel à moitié ; 3° le cheptel donné au fermier.

D. Qu'est-ce qu'un cheptel simple?

R. C'est celui par lequel le preneur donne moitié du *croît* au bailleur qui doit aussi supporter la moitié des pertes.

D. Qu'est-ce que le cheptel à moitié?

R. Le cheptel à moitié est celui par lequel chacun des contractants fournit la moitié des bestiaux qui demeurent communs pour le profit ou pour la perte.

D. Qu'entend-on par cheptel donné au fermier?

R. C'est celui par lequel le fermier d'une métairie reçoit en même temps des bestiaux d'une certaine valeur, qu'il doit laisser en même valeur à sa sortie.

D. Peut-on, dans un bail à cheptel, faire toutes sortes de conventions?

R. Oui, excepté celle par laquelle le preneur s'engagerait à supporter la perte totale du cheptel, quoique arrivée par cas fortuit et sans sa faute;

Ou qu'il supporterait, dans la perte, une part plus grande que dans le profit.

45ᶜ LEÇON.

DU CONTRAT DE SOCIÉTÉ.

D. Qu'est-ce qu'une société?

R. La société est un contrat par lequel deux ou plusieurs personnes conviennent de mettre quelque chose en commun, dans le but de partager le bénéfice qui pourra en résulter.

D. Ne peut-on apporter en société que de l'argent?

R. Non; on peut y apporter des biens de diverses natures et même son industrie.

D. Comment doit être fait un acte de société?

R. Tout acte de société doit être rédigé par écrit, lorsque son objet est d'une valeur de plus de 150 fr.

D. Quels sont les engagements des associés entre eux?

R. Chaque associé est débiteur envers la société de tout ce qu'il a promis d'apporter, et traité comme tel, s'il ne remplit pas ses engagements.

D. Quelle est la part des bénéfices et des pertes de chaque associé?

R. Lorsque l'acte de société ne détermine pas cette part, elle est pour chacun en proportion de sa mise de fonds. Si l'associé n'a apporté que son industrie, sa part est égale à celle de l'associé qui a le moins apporté.

D. Quels sont les engagements des associés vis-à-vis des tiers?

R. Dans les sociétés autres que celles de commerce, les associés sont tenus envers les créanciers par part égale, à moins de stipulations contraires.

D. Comment finit la société?

R. De plein droit lors de l'expiration du temps pour lequel elle a été contractée; elle peut être dissoute sur la demande d'un ou plusieurs des associés.

D. Quelles sont les règles appliquées au partage, lorsque la société prend fin ou lorsqu'elle est dissoute?

R. Les règles sont les mêmes que celles des successions.

———

46ᵉ LEÇON.

DU PRÊT.

D. Combien distingue-t-on d'espèces de prêt?

R. Deux : 1° le prêt *à usage*, c'est-à-dire celui des choses dont on peut user sans les détruire, comme, par exemple, le prêt d'une cave pour y déposer son vin ;

2° Le prêt de consommation, c'est-à-dire celui des choses qui se consomment par l'usage, comme, par exemple, une somme d'argent.

D. Quelle est la différence essentielle qui existe entre le prêt à usage et le prêt de consommation ?

R. Dans le prêt à usage, la chose prêtée reste la propriété du prêteur.

Dans le prêt de consommation, la chose prêtée devient la propriété de l'emprunteur, à la charge par lui de rendre au prêteur même espèce et même quantité.

D. Est-il permis de stipuler des intérêts pour les choses prêtées ?

R. Oui, il est permis de stipuler des intérêts pour prêt, soit d'argent, soit de denrées, soit d'autres choses mobilières.

D. Comment se fixe cet intérêt ?

R. Par la loi, ou par des conventions particulières.

D. L'intérêt fixé par des conventions particulières peut-il excéder celui fixé par la loi ?

R. Oui, toutes les fois que la loi ne le prohibe pas.

D. Quel est le taux de l'intérêt reconnu par la loi ?

R. Pour affaires de commerce, 6 pour 100 ; pour affaires civiles, 5 fr. pour 100 fr.

D. Combien existe-t-il d'espèces de rentes ?

R. La rente viagère et la rente perpétuelle.

D. Comment s'établissent ces rentes ?

R. Au moyen d'un capital que le prêteur s'interdit d'exiger, soit pendant sa vie, soit à perpétuité, à la condition par l'emprunteur de lui en payer l'intérêt ; ou par la vente d'un immeuble aux mêmes conditions.

D. Le prêteur peut-il abandonner à l'emprunteur, en viager, soit le capital, soit l'immeuble qui fait l'objet de la vente?

R. Oui, le prêteur peut abandonner le capital; alors il peut stipuler des intérêts conventionnels plus forts, ou passer vente d'un immeuble aux mêmes conditions.

D. Les prêts à rentes peuvent-ils être faits sous signature privée?

R. Non; ils ne peuvent être faits que par acte authentique.

D. Quelles sont les précautions à prendre pour cette espèce d'acte?

R. La précaution essentielle, c'est de se faire consentir hypothèque par le preneur, et de ne pas oublier de s'en servir, c'est-à-dire de déposer un bordereau au bureau du chef-lieu d'arrondissement.

D. Peut-on rentrer dans le capital d'une rente ou dans la propriété qui en fait l'objet?

R. Oui, si le débiteur de la rente cesse de remplir les obligations pendant deux années, ou s'il manque à fournir au prêteur les sûretés promises par le contrat.

47ᵉ LEÇON.

DU CAUTIONNEMENT ET DE SES EFFETS.

D. Qu'entend-on par cautionnement?
R. C'est se soumettre à satisfaire une obligation, si le débiteur ne la satisfait pas lui-même.

D. La caution peut-elle forcer de payer dans tous les cas ?

R. Il faut distinguer si le cautionnement est pur et simple, ou s'il est solidaire.

Si le cautionnement est simple, la caution peut forcer le créancier à poursuivre d'abord le débiteur principal, en indiquant des biens suffisants pour le payer ;

Mais si le cautionnement est solidaire, le créancier peut attaquer indistinctement la caution ou le cautionné en payement de l'obligation, sauf le recours de la caution contre le débiteur principal.

DES TRANSACTIONS.

D. Qu'est-ce qu'une transaction ?

R. La transaction est un contrat par lequel les parties terminent une contestation née, ou préviennent une contestation à naître.

D. Comment se fait une transaction ?

R. Toujours par écrit, sous signature privée ou authentique.

D. Peut-on transiger sur toute espèce de contestation ?

R. Oui, pourvu qu'on ait la capacité de disposer légalement des objets compris dans la transaction.

Ainsi il est défendu au tuteur de transiger pour le mineur ;

Aux communes et établissements publics, la transaction n'est permise qu'avec autorisation expresse.

48ᵉ LEÇON.

DE LA CONTRAINTE PAR CORPS.

D. Qu'est-ce que la contrainte par corps?

R. C'est une pénalité qui consiste à retenir en prison pendant un temps plus ou moins long la personne qui ne satisfait pas à divers engagements.

D. Quand y a-t-il lieu à contrainte par corps?

R. La contrainte par corps a lieu en matière civile et en matière commerciale.

D. Quand a-t-elle lieu en matière civile?

R. Dans huit cas différents, spécifiés aux articles 2059 et 2060 du code Napoléon.

D. Peut-on prononcer la contrainte par corps contre toutes personnes?

R. En matière civile et commerciale elle ne peut être prononcée contre les personnes ayant atteint leur soixante-dixième année; les femmes ou filles, à moins de stellionat, ne peuvent non plus être condamnées, en matière civile, à la contrainte par corps, mais, en matière commerciale, elles subissent la loi commune, si elles sont marchandes publiques.

D. Qu'est-ce que le stellionat?

R. On est stellionataire lorsqu'on vend ou hypothèque un immeuble dont on n'est pas propriétaire;

Lorsqu'on présente comme libres des biens déjà hypothéqués, ou que l'on déclare des hypothèques moindres que celles dont ces biens sont chargés.

D. Peut-on prononcer la contrainte par corps quelle que soit la somme due?

R. Elle ne peut être prononcée pour une somme moindre de 300 fr., en matière civile, et de 200 fr. en matière commerciale.

49ᵉ LEÇON.

DES CRÉANCES PRIVILÉGIÉES.

D. Qu'est-ce qu'une créance privilégiée?

R. C'est celle qui donne droit à un créancier d'être payé de préférence aux autres.

D. Sur quoi existent ces priviléges?

R. Sur les meubles et sur les immeubles.

D. Quelles sont les créances privilégiées sur les meubles?

R. Les créances privilégiées sur les meubles sont :

1° Les frais de justice ;

2° Les frais funéraires ;

3° Les frais de dernière maladie ;

4° Les salaires des gens de service ;

5° Les fournitures de subsistance.

D. Tous les employés d'une maison sont-ils considérés comme gens de service?

R. Non ; on ne considère comme gens de service que les domestiques et autres personnes à gages qui sont logées et nourries dans la maison.

Les ouvriers et les commis ne sont pas des gens de service.

D. Qu'est-ce qu'on entend par fournitures de subsistance ?

R. Ce sont celles faites par le boulanger, le boucher, l'épicier, mais seulement pour les six derniers mois.

D. Quelles sont les créances privilégiées sur les immeubles ?

R. Les principaux créanciers sur les immeubles sont :

1° Le *vendeur*, sur l'immeuble vendu ;

2° Le *cohéritier*, sur tous les immeubles de la succession ;

3° Les *ouvriers* ou *entrepreneurs*, sur les constructions qu'ils ont faites ou réparées.

D. Comment se conservent les priviléges ?

R. Les priviléges ne produisent d'effet à l'égard des immeubles qu'autant qu'ils sont rendus publics par l'inscription sur les registres du conservateur des hypothèques et à la date de l'inscription.

D. Si le vendeur veut conserver ses priviléges, que doit-il faire ?

R. Il doit faire transcrire son acte de vente dans le plus bref délai.

50ᵉ LEÇON.

DES HYPOTHÈQUES.

D. Qu'entend-on par hypothèque ?

R. L'hypothèque est un droit réel sur les immeubles affectés à l'acquittement d'une obligation.

D. Combien y a-t-il d'espèces d'hypothèque ?

R. Il y a trois espèces d'hypothèque : elle est légale, judiciaire ou conventionnelle.

D. Quand l'hypothèque est-elle légale?

R. L'hypothèque est légale lorsqu'elle résulte de la loi : par exemple, celle du mineur sur les biens du tuteur.

D. Quand l'hypothèque est-elle judiciaire?

R. Lorsqu'elle résulte des jugements.

D. Quand est-elle conventionnelle?

R. Lorsqu'elle résulte des conventions, des actes et contrats.

D. Les hypothèques, qu'elles soient légales, judiciaires ou conventionnelles, produisent-elles le même effet?

R. Non; l'hypothèque conventionnelle est plus restreinte, en ce sens qu'elle ne donne droit que sur les biens présents, tandis que l'hypothèque légale et judiciaire affecte les immeubles présents et à venir.

D. Tout le monde peut-il faire un bordereau d'inscription?

R. Rien ne s'y oppose; mais, comme les formalités à remplir doivent l'être sous peine de nullité, on doit s'adresser de préférence au notaire de son canton, qui devient responsable des nullités s'il y en a.

D. Peut-on consentir une hypothèque indistinctement par un acte sous signature privée ou authentique?

R. L'hypothèque conventionnelle ne peut pas être consentie par un acte sous signature privée; il faut que l'acte soit passé en forme authentique, devant deux notaires, ou devant un notaire et deux témoins.

D. Quelles sont les conditions essentielles imposées en outre pour la validité de l'hypothèque?

R. Il faut déclarer la nature et la situation de chacun des immeubles sur lesquels on consent l'hypothèque.

D. Quel rang les hypothèques ont-elles entre elles?

R. Leur rang date du jour de l'inscription sur le registre du conservateur.

D. L'hypothèque existe-t-elle indépendamment de toute inscription?

R. Oui, pour les hypothèques légales; mais, dans tous les cas, il vaut mieux les faire inscrire, car cette inscription augmente les garanties et donne des droits qui n'existeraient pas sans cela.

———

51ᵉ LEÇON.

PRÉCAUTIONS A PRENDRE PAR L'ACQUÉREUR D'UN IMMEUBLE.

D. Lorsqu'on achète un immeuble, peut-on payer de suite sans s'exposer à payer deux fois?

R. Ceci dépend de la position du vendeur; mais il est plus prudent de remplir, avant le payement, certaines formalités indiquées par la loi.

D. Quelles sont ces formalités?

R. La première consiste dans la transcription de l'acte de vente et dans le retrait, après quinze jours, de la transcription d'un état des hypothèques qui peuvent exister sur l'immeuble vendu.

D. Si la déclaration du conservateur des hypothèques constate qu'il n'y en a pas, doit-on payer de suite?

R. Non encore; car il peut y avoir une hypothèque légale résultant d'une tutelle ou du contrat de mariage du vendeur, et il faut purger cette hypothèque avant de payer.

D. Si, après la transcription, le conservateur des hypothèques délivre un certificat constatant qu'il existe une ou plusieurs inscriptions, que doit-on faire?

R. Il faut faire notifier son contrat de vente à tous les créanciers hypothécaires, qui ont le droit de faire, dans les quarante jours, une surenchère d'un dixième en sus du prix de vente.

Si cette surenchère a lieu, l'immeuble surenchéri est revendu après affiche et à la bougie, devant un notaire ou le tribunal civil.

D. S'il n'y a pas de surenchère, peut-on payer?

R. Non ; il faut faire faire un ordre entre les créanciers inscrits, et ne payer qu'en vertu des bordereaux qui leur seront délivrés.

D. Si on veut se défaire du souci de conserver le prix de la vente et de l'ennui du payement, que doit-on faire ?

R. On doit consigner la somme chez le receveur particulier.

D. L'acquéreur peut-il faire tous ces actes lui-même?

R. Non; il est indispensable qu'il charge un avoué du tout et qu'il dépose chez lui son acte de vente.

DE LA SAISIE IMMOBILIÈRE.

D. Tout créancier peut-il faire vendre les immeubles de son débiteur?

R. Non; il faut être créancier hypothécaire inscrit sur l'immeuble ou les immeubles, pour avoir ce droit.

D. Peut-on faire vendre sans distinction tout immeuble sur lequel on a hypothèque?

R. Non; la part indivise d'un cohéritier ne peut pas être mise en vente avant le partage.

D. Le débiteur poursuivi peut-il arrêter la vente ?

R. Oui, s'il prouve, par bail authentique, que l'immeuble lui produit suffisamment, pendant une année, pour payer son créancier, et s'il en offre la délégation.

52ᵉ LEÇON.

DE LA PRESCRIPTION.

D. Qu'est-ce que la prescription ?

R. C'est un moyen d'acquérir ou de se libérer, par un certain laps de temps et sous des conditions déterminées par la loi.

D. A qui appartient le droit d'user de ce moyen ?

R. A la partie seule qui veut en profiter ; les juges ne peuvent pas y suppléer d'office.

D. Combien d'années faut-il pour prescrire ?

R. On prescrit par dix, vingt et trente ans.

D. Donnez-moi des exemples de ces prescriptions.

R. Le débiteur d'une rente peut se refuser à la payer après trente ans de la date du titre ; mais celui à qui elle est due a le droit, après vingt-huit ans, de se faire faire un nouveau titre.

Celui qui a acheté de bonne foi un immeuble en prescrit la propriété par dix ans de jouissance à dater de l'acte, si le véritable propriétaire demeure dans l'étendue de la cour impériale où est située la propriété.

La prescription a lieu par vingt ans s'il est domicilié hors de l'étendue de la cour impériale.

D. Existe-t-il d'autres prescriptions?

R. Oui ; on les nomme prescriptions particulières.

D. Indiquez-m'en quelques-unes.

R. Les leçons des maîtres et instituteurs, le logement et la nourriture chez les hôteliers ou traiteurs, le payement des journées, fournitures et salaires des gens de travail, se prescrivent par six mois.

Les visites et opérations des médecins, le prix des marchandises vendues aux particuliers non marchands, le salaire des actes des huissiers, le prix de la pension des élèves et le salaire des ouvriers qui se louent à l'année, se prescrivent par *un an*.

Les arrérages de rentes perpétuelles et viagères,

Les loyers des maisons,

Les prix de ferme des biens ruraux,

Les intérêts des sommes prêtées,

Et généralement tout ce qui est payable par année, se prescrivent par *cinq ans*.

D. Peut-on prescrire des meubles?

R. En fait de meubles, possession vaut titre.

Néanmoins, celui qui a perdu ou auquel il a été volé une chose peut la revendiquer pendant trois ans à compter du jour de la perte ou du vol, contre celui dans les mains duquel il la retrouve, sauf à celui-ci son recours contre celui duquel il la tient.

D. Si la chose volée ou perdue a été achetée dans une vente publique ou dans un marché, à quelles conditions est-elle rendue?

R. Le propriétaire est obligé de rembourser au possesseur le prix qu'elle lui a coûté.

FIN.

www.ingramcontent.com/pod-product-compliance
Lightning Source LLC
Chambersburg PA
CBHW071335030726
47594CB00002B/656